Susto en la playa

MONTAÑA
ENCANTADA

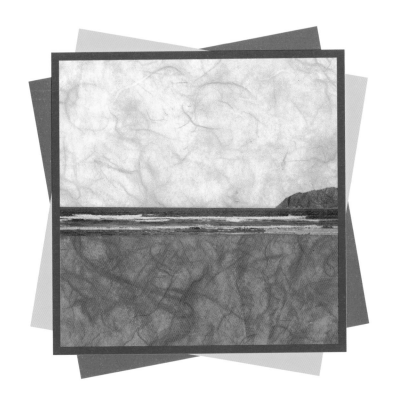

Violeta Monreal

Susto en la playa

EVEREST

LAS VACACIONES SE TERMINABAN. AGOSTO LLEGABA A SU FIN. EN LA , AMIGOS TENÍAN QUE DECIRSE ADIÓS.

A LUIS TODOS LE LLAMAN SITO. TIENE AÑOS.

ES RESPONSABLE Y PRUDENTE. VIVE EN UN

PEQUEÑO DE TOLEDO. LUISA ES SU HERMANA.

LUISA PARA TODOS ES CANICA. TIENE

AÑOS Y ES UN POCO TRAVIESA.

 TRES  CINCO  LOISIÑO  CIUDAD

A LOIS, AUNQUE AL PRINCIPIO SE

ENFADABA, TODOS TERMINARON

LLAMÁNDOLE LOISIÑO. TIENE AÑOS.

ES ALEGRE Y UN POCO MENTIROSO.

 VIVE EN UNA PEQUEÑA DE

GALICIA. LOS PADRES DE SON MUY

AMIGOS DE LOS DE Y .

A LLUÍSA TODOS LA LLAMAN LISA. TIENE 7

AÑOS. ADORA EL AIRE LIBRE. NUNCA HABLA DE SUS

PADRES, NI DE SU FAMILIA. ESTUDIA

INTERNA EN UN DE UNA GRAN DE

CATALUÑA. ES SU MEJOR AMIGO.

KOLDO TIENE **6** AÑOS. LE ENCANTAN LOS BEBÉS Y SIEMPRE CUIDA DE .  VIVE EN UN PUEBLO DE LA COSTA VASCA; MUY CERCA ESTÁ LA EN LA QUE TODOS PASAN SUS VACACIONES.

CUANDO SE DIERON CUENTA DE QUE TODOS SE LLAMABAN IGUAL FORMARON "EL CLUB DE LOS TOCAYOS", CON TRES REGLAS BÁSICAS:

 SER SINCERO INCLUSO EN SITUACIONES DIFÍCILES.

 RESPETAR A LOS ANIMALES, VEGETALES Y MINERALES.

 AYUDAR A QUIEN LO NECESITE.

SE REUNÍAN TODOS LOS DÍAS A LAS **5** DE LA TARDE. EL CUARTEL GENERAL ESTABA SITUADO BAJO LA GRAN 🌴.

LA SEÑAL QUE TENÍAN PARA LLAMARSE ERA EL

CANTO DE UN . POR ESO EL CLUB TERMINÓ

LAMÁNDOSE EL CLUB DE LA .

 PLAYA CASTILLOS CUBOS  RASTRILLOS FLOTADOR

HABÍAN PASADO TODO EL VERANO EN LA

 . HICIERON . JUGARON CON

 , , , ...

LEYERON E IMAGINARON SER UNA ,

UNA , UN  , UN  Y UN .

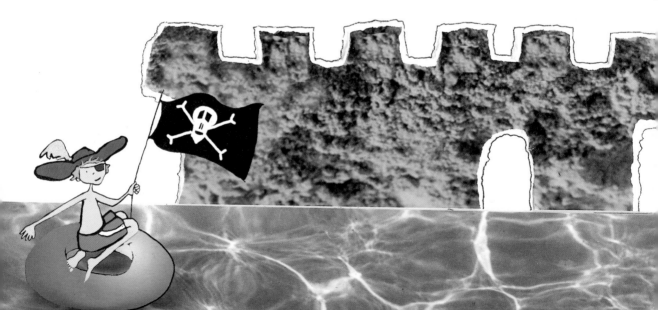

COMETAS LIBROS BRUJA REINA REY MAGO PIRATA

15

 LISA  CANICA  ISLA

PERO HOY ESTABAN TRISTES PORQUE TENÍAN QUE DESPEDIRSE.

 SEÑALÓ A LA GRAN ROSADA DE TODOS LOS DÍAS. HOY LA PARECÍA ESTAR MÁS CERCA.

—¡A QUE NO TE ATREVES A SUBIR! —LE DIJO.

, VIENDO QUE HOY NI SIQUIERA LE DABA MIMOS, FUE A LA . ESTABA CALENTITA. SENTADA ALLÍ ARRIBA LLAMÓ A LA PANDILLA:

—¡LIIIIS, MÍA!... ¡GOLDO... VEN! ¡CU-CU!

NADIE LE HACÍA CASO.

—¡¡¡AAAHHH!!! —GRITÓ , AL NOTAR QUE LA
 SE MOVÍA.

ENTONCES TODOS MIRARON Y VIERON A
SENTADA SOBRE LA , A LA QUE, ADEMÁS DE
MOVERSE, LE ESTABAN SALIENDO UNAS Y
UNOS ⊙ ⊙ .

EL LES LATÍA DEPRISA, ESTABAN MUY
ASUSTADOS.

OJOS

CORAZÓN

ISLA DINOSAURIO ALAS OJOS

LA  SE HABÍA CONVERTIDO EN

UN MARINO CON Y

MUY GRANDES, AZULES COMO EL ;

EN LA TENÍA UNA PEQUEÑA .

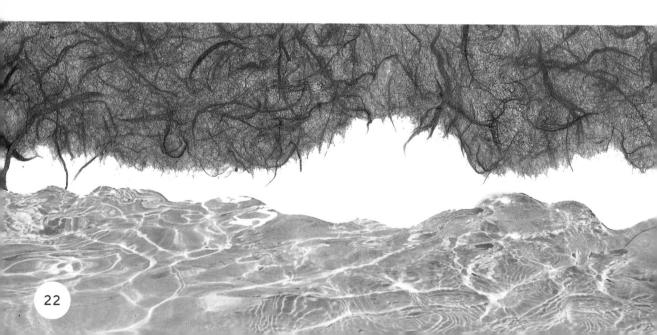

MAR COLA ESTRELLA

23

—¡DEJA BAJAR A MI HERMANA! —PIDIÓ , DESESPERADO.

—LOS MONSTRUOS NO HABLAN, NI ESCUCHAN —SUSURRÓ.

PERO, AL PARECER, ESTE MONSTRUO SÍ QUE HABLABA Y ESCUCHABA, PORQUE CONTESTÓ:

—¡TURURÚ!... YO NO LA SUBÍ AQUÍ.

—PERDONE, SEÑOR MONSTRUO, ¡EJEM! PUEDE DEJAR BAJAR A , ¡POR FAVOR! —DIJO  CON VOZ DECIDIDA.

 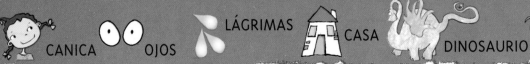
—ASÍ QUE…YO SOY UN MONSTRUO, ¿¡EH!? PUES

AHORA ES MÍA.

LOS DE LOS NIÑOS SE LLENARON DE

. ¿CÓMO IBAN A VOLVER A  SIN

?

—¿QUÉ SERÍAIS CAPACES DE DARME PARA

RECUPERAR A  ? —DIJO EL  .

 , QUE ERA UN COMILÓN, DIJO:

—YO TE DOY COMIDA: ,  ,

ASADOS, , ,  ,  …

—NO —CONTESTÓ EL .

KOLDO 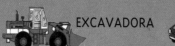 EXCAVADORA  COCHES  CAMIÓN  AVIÓN

 OFRECIÓ TODOS SUS JUGUETES PREFERIDOS:

LA , LOS  , EL , EL

 Y EL  .

 OFRECIÓ TODOS LOS QUE LE

DEJARAN LOS  MAGOS EN LOS Y

TAMBIÉN LOS DE SU CUMPLEAÑOS Y, ADEMÁS,

SU COLECCIÓN DE  .

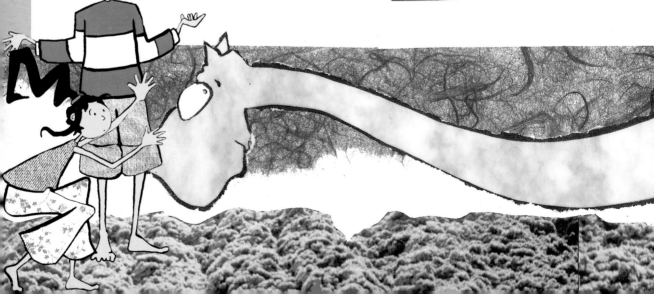

PERO EL DINOSAURIO CONTESTÓ QUE NO.

29

SÓLO QUEDABA POR OFRECER ALGO. ANTE

EL ASOMBRO DE TODOS PREGUNTÓ:

—¿CÓMO TE LLAMAS?

EL , SORPRENDIDO, CONTESTÓ:

—LUISA FERNANDA, PERO TODOS ME LLAMAN

FEFITA, SOY UNA .

—¿TIENES MUCHOS AMIGOS AQUÍ EN LA ?

—NO, LA VERDAD ES QUE

NO TENGO NINGUNO

—CONTESTÓ —.

ME HAGO PASAR

POR UNA

PARA ESCUCHAR

Y ESTAR CON

LA GENTE.

—¿QUIERES QUE SEAMOS TUS AMIGOS? TE OFREZCO MI AMISTAD… NUESTRA AMISTAD. PUEDES SER LA JEFA DEL CLUB DE LA

—TERMINÓ. TODOS ESTABAN DE ACUERDO.

—QUEDAREMOS AQUÍ EL VERANO QUE VIENE —APUNTÓ .

 TOMÓ CON SUAVIDAD A  POR EL  Y LA DEJÓ EN EL . LUEGO DIJO:

—¡ACEPTO! ACEPTO SER VUESTRA AMIGA.

EL SE ESCONDÍA. TENÍAN QUE VOLVER A .

—¡ADIÓS, HASTA PRONTO! —DIJO .

—¡AGUR! AUNQUE QUIZÁS TÚ Y YO NOS VEAMOS MÁS, YO SOY DE AQUÍ —DIJO CON DORMIDA EN BRAZOS.

—¡ADEU! NO NOS FALLES —DIJO.

—¡CHAIÑO! —DIJO.

—¡ADIÓS, CHICOS! PERO SI ME NECESITÁIS, SÓLO TENÉIS QUE LLAMARME CON UN:

¡CU-CU, CU-CU!

Todas las fotografías utilizadas en este libro han sido realizadas expresamente por el Estudio Violeta Monreal o por Edelweiss Monreal a quien agradecemos su colaboración muy especialmente.

Dirección editorial: Raquel López Varela
Coordinación editorial: Ana María García Alonso
Maquetación: Cristina A. Rejas Manzanera
Diseño de cubierta: Jesús Cruz

© Violeta Monreal
© EDITORIAL EVEREST, S. A.
Carretera León-La Coruña, km 5 - LEÓN
ISBN: 84-241-8103-2
Depósito legal: LE. 107-2003
Printed in Spain - Impreso en España

EDITORIAL EVERGRÁFICAS, S. L.
Carretera León-La Coruña, km 5
LEÓN (España)
www.everest.es